마음의 힘은 총 네 권으로 이루어진 시리즈입니다. 각각 '자존감' '사회성' '사고력' '마음 챙김'을 주제로 다루며 아이들이 마음의 힘을 기를 수 있도록 도와줍니다.

Text copyright @ Sofía Gil, 2020
Illustrations copyright @ Andreu Llinàs, 2020
First published in Spain by Editorial Flamboyant S. L.
in 2020 under the title Habilidades sociales
Habilidades sociales
by Max Education Co.
This Korean Language Edition is published by arrangement with Editorial Flamboyant through The Agency Sosa.

이 책의 한국어판 저작권은 에이전시 소사를 통해 Editorial Flamboyant와의 독점 계약으로 (주)맥스교육에 있습니다. 저작권법에 의해 한국 내에서 보호를 받는 저작물이므로 무단전재와 무단복제를 금합니다.

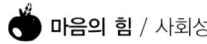 마음의 힘 / 사회성

나는 너를 존중해

초판 1쇄 발행 2021년 3월 25일
초판 2쇄 발행 2022년 1월 5일

글 소피아 힐
그림 안드레우 이나스
옮김 윤승진

펴낸이 신난향　**편집위원** 박영배　**펴낸곳** (주)맥스교육(상수리)
출판등록 2011년 8월 17일(제321-2011-000157호)
주소 서울특별시 서초구 마방로 2길 9, 보광빌딩 5층
전화 02-589-5133(대표전화)　**팩스** 02-589-5088
홈페이지 www.maxedu.co.kr　**블로그** blog.naver.com/sangsuri_i
기획·편집 이도환　**디자인** 이선주
영업·마케팅 백민열, 김소연　**경영지원** 장주열

ISBN 979-11-5571-755-4　74190
　　　979-11-5571-730-1　74190(세트)

* 이 책의 내용을 일부 또는 전부를 재사용하려면 반드시 (주)맥스교육(상수리)의 동의를 얻어야 합니다.
* 잘못된 책은 구입한 곳에서 바꾸어 드립니다.

어린이제품안전특별법에 의한 제품 표시
제조자명 (주)맥스교육(상수리)　\　**제조국** 대한민국　\　**제조년월** 2022년 1월　\　**사용연령** 만 7세 이상 어린이 제품

나는 너를 존중해

상수리

글 소피아 힐

스페인 무르시아대학에서 심리학을 공부한 심리학자입니다. 현대적이며 혁신적이고 역동적인 심리학을 연구하고 있습니다. 평생 출판업에 종사하신 부모님의 영향으로 어릴 때부터 책에 빠져 새 책에서 풍기는 향기를 사랑하게 되었고, 동물과 철학을 사랑합니다. 2014년 설립한 심리학 연구 센터(mindup-psicologos.com)를 통해 앞으로 많은 사람들에게 도움을 줄 수 있길 희망하고 있습니다.

그림 안드레우 이나스

스페인 바르셀로나에서 미술을, 마드리드에서 영화를 공부했습니다. 영화와 텔레비전, 광고 분야에서 일하던 중 파나마로 이주해, 지금은 한 한적한 마을에서 가족과 함께 지내며 글쓰기와 그림 그리기에 전념하고 있습니다.

옮김 윤승진

한국외국어대학교 스페인어과를 졸업하고 동 대학 통번역대학원 한서과를 졸업했습니다. 현재 한국외국어대학교 통번역대학원 한서과에서 강의 중이며, 엔터스코리아 스페인어 전문 번역가로 활동 중입니다. 옮긴 책으로는 『프레디』『세포가 뭐예요?』『반슈타인 클럽의 비밀』『숲속 금화 전쟁』『페미니스트 프리다 칼로 이야기』『브롯 박사의 음모』『화학이 정말 우리 세상을 바꿨다고?』『알로하 호오포노포노』『재밌는 성경 이야기』「마음의 힘」시리즈 등이 있습니다.

차례

사회성 / 6

사회적 기술 / 8

내가 가진 힘! / 10

두려워하거나! 무례하거나! 대담하거나! / 12

대담한 사람이 가진 사회적 기술 / 20

대담한 사람이 될 거야! / 22

작은 도전! / 36

생각해 보아요! / 44

사회성

우리는 누구나 태어난 순간부터
가족이라는 아주 작은 사회로 시작해
국가와 세계 같이 큰 사회에까지 속하게 됩니다.
그래서 본능적으로 한 사회의 구성원으로
사회에 속하고자 하는 성질을 갖고,
사회화되는 과정을 겪지요.
이것을 **사회성**이라고 해요.

그런데 사회성을
꼭 길러야만 하는 걸까요?

자, 우리의 하루를 잘 생각해 보세요.
학교에서는 친구들과 선생님,
집에서는 가족에게 둘러싸여 하루를 보내지 않나요?
이렇게 사회에서는 늘 나와 함께하는 사람들이 있지요.
사회생활을 하는 데는 나와 누군가를 연결하는 관계,
사회관계(인간관계)가 필요하기 때문이에요.
사회관계는 사회의 구성원인 우리의 마음을
평안하게 만들어 주는 아주 중요한 요소예요.
그리고 사회관계를 잘 이루어 나가기 위해서는
사회성이 꼭 필요하답니다.

지금부터 우리는 건강한 사회성을 기르기 위해
사회적 기술에 대해 알아갈 거예요.
이 사회적 기술은 자신의 권리를 지키면서
타인도 아끼고 존중하는 마음으로 대하고,
다양한 사회적 상황에서 자연스럽게 성장하도록 도와줄 거예요.

사회적 기술

다른 사람들의 시선과 생각을 지나치게 신경 쓴 나머지
내 자신을 있는 그대로 보여 주지 못한 경험,
누구나 한 번씩은 해 보았을 거예요.
부끄러워서, 또는 다른 사람과의 다툼을 피하기 위해서
자신의 생각을 말하지 못하는 경우도 있지요.
하지만 이런 행동들은 별로 좋은 행동들이 아니에요.

바로 이럴 때 **사회적 기술**이 필요하답니다.

사회적 기술은 자신의 의견이나 생각, 감정, 바라는 점 등을
다른 사람이 불편하지 않게 표현하는 것과 관계있어요.
또, 다른 사람의 의견이나 비판에 화내거나 기분 나빠 하지 않고
건설적으로 받아들이는 능력과도 관계가 있지요.

자신에게는 사회적 기술이 없는 것 같나요?
혹은 너무 어렵게 느껴지나요?

걱정마세요.
사회적 기술은 자전거나 악기를 배우는 것처럼
학습으로 충분히 터득할 수 있거든요.
배우지 않고 연습하지 않은 것을
능숙하게 하는 사람은 아무도 없답니다.
사회적 기술도 배우고 연습할수록 더 나아질 거예요.

그러니 우리 이제 한번 시작해 볼까요!

꼭 지켜야 할 규칙

**자신이 대우받고 싶은 방식으로 다른 사람을 대하고,
자신이 하고 싶지 않은 일은 다른 사람에게도 시키지 마세요.**

이 말을 언제나 머릿속에 잘 기억한다면,
사회관계에 도움이 될 거예요!

내가 가진 힘!

우리는 늘 다른 사람을 존중하며 친절하고 상냥하게 대해야 해요.
상대방의 기분이 상하지 않도록 말이에요.
이 말은 반대로 나도 다른 사람에게 존중받아야 한다는 의미예요.
그건 내가 당연히 요구해야 할, 내가 가진 힘이랍니다.
그걸 **권리**라고 해요.

**우리는 권리를 통해 자신의 힘을 깨닫고,
타인으로부터의 존중을 느낄 수 있어요.**

그럼 나의 자존감도 풍선처럼 점점 커질 거예요!

나에 대한		다른 사람에 대한
다른 사람의 존중	+	나의 존중

= 기분이 좋아진다!

내가 가진 열 가지 권리

1. 나는 존중받을 권리가 있다.

2. 나는 진지한 대우를 받을 권리가 있다.

3. 나는 의견을 존중받을 권리가 있다.

4. 나는 생각하고 느끼는 것, 필요한 것을 말할 권리가 있다.

5. 나는 기꺼이 "아니요"라고 말할 권리가 있다.

6. 나는 의견이나 생각을 바꿀 권리가 있다.

7. 나는 질문할 권리가 있다.

8. 나는 실수할 권리가 있다.(세상에 완벽한 사람은 아무도 없다!)

9. 나는 스스로 결정할 권리가 있다.

10. 나는 내가 원할 때 혼자 있을 권리가 있다.

두려워하거나! 무례하거나! 대담하거나!

우리는 다른 사람을 대할 때 모두 각자의 방식으로 행동하지요.
어떤 친구는 **두려워하고**, 어떤 친구는 **무례하고**, 또 어떤 친구는 **대담해요**.

이런 각자만의 방식은
자신이 조절할 수 없는 부분일까요,
아니면 더 좋은 방식이 있다는 걸 알지만
어떻게 해야 하는지 모르는 것일까요?

두려움

두려워하는 사람

두려움, 부끄러움, 긴장감을 느끼면 투명 인간이 되는 사람이에요.
자신의 생각이나 느낌, 필요한 점을 말해야 할 때도 자신을 숨기지요.

두려워하는 사람의 특징은

두려워서, 혹은 부끄러워서 자신의 생각을 말하지 못해요.

하고 싶은 대로 행동하는 것을 힘들어해요.

소심해요.

슬퍼 보여요.

자주 고개를 숙이고 몸을 웅크리고 있어요.

다른 사람의 눈을 바라보지 않아요.

목소리가 무척 작아요.

늘 불안해하고 의심이 많아요.

말수가 적거나 아무 말도 하지 않아요.

다른 사람에게 관심을 드러내지 않아요.

싫더라도 그냥 "네" 하고 넘어가요.

다른 사람과 대화할 때 상대방이 가까이 있는 걸 싫어해요.

다른 사람이 자신 때문에 화내거나 불편해할까 봐 두려워해요.

다른 사람은 존중하면서 자기 자신은 존중하지 않아요.

두려워하는 사람에 대해

사람들은 종종 잊어버리기도 해요.
이렇게 사람들이 두려워하는 사람을 잊은 채 행동하면
두려워하는 사람은 원하는 것을 얻지 못하지요.
다른 사람 때문에 하기 싫은 일을 할 때도 있어요.
사람들은 그런 모습을 놀리거나,
자신이 원하는 걸 위해 이용하기도 해요.

두려워하는 사람은

슬픈 기분을 자주 느껴요.
다른 사람들이 자신을 어떻게 생각할지 늘 걱정되거든요.
다른 사람이 조종하는 나무 인형이 된 듯 느껴질 때도 있어요.
그래서 기분이 좋지 않지요.
스스로조차 자기 자신을 별로 좋아하지 않아요.
하찮은 존재처럼 느껴지거든요.
자기 자신보다 다른 사람이 더 낫다고 생각해요.

무례한 사람

늘 화가 나 있거나 제멋대로 굴고,
자신의 말과 행동을 제어하지 못하는 사람이에요.

무례한 사람의 특징은

자신의 행동이 어떤 결과를 만들어 낼지 생각하지 않고 무작정 행동해요.

수다쟁이처럼 머릿속에 떠오른 생각은 일단 입 밖으로 내뱉어요.

늘 화가 난 얼굴이에요.

말투가 강하고, 화가 나면 소리를 질러요.

무서운 표정을 지어요.

나쁜 말을 하거나 때리기도 해요.

다른 사람의 말에 귀 기울이지 않아요.

다른 사람의 생각이나 느낌을 무시해요.

귀가 따가울 정도로 상대방 가까이에서 말해요.

늘 본인의 의견이 맞다고 고집을 피워요.

거만한 태도를 가지고 다른 사람에게 명령해요.

자신의 권리는 중요하게 생각하면서 다른 사람의 권리는 무시해요.

자신은 소중히 여기면서 다른 사람은 무시해요.

무례한 사람에게

사람들은 겁을 먹어요.
무례한 사람이 틀리거나 마음에 들지 않더라도
그냥 맞거나 좋다고 해요.
안 좋은 일을 당할까 봐 무섭기 때문이에요.
그러다 보니 사람들은 무례한 사람을 피하게 되지요.

무례한 사람은

원하는 것을 얻으면 기뻐해요.
그렇지만 대부분의 시간은 기분이 나쁜 상태지요.
또, 자신이 다른 사람보다 나은 존재라고 생각해요.
그런 행동 방식 때문에 사람들은 함께 있고 싶어 하지 않아요.
곁에 아무도 없으니 무례한 사람은 우울함을 느끼기도 한답니다.
(사실 속으로는 더 이상 무례하게 굴고 싶지 않을지도 몰라요!)

대담한 사람

다른 사람과 소통할 때 자신이 말하고 행동하는 방식을
완벽하게 통제할 줄 아는 사람이에요.
자신의 생각과 느낌, 필요한 점을 지킬 줄 알지요!

대담한 사람의 특징은

자신의 행동과 행동이 만들어 낼 결과에 대해 늘 생각해요.

해가 되거나 불편함을 줄 수 있는 말이나 행동은 절대로 하지 않아요.

항상 유쾌해요.

다른 사람과 대화할 때 상대방의 눈을 바라보아요.

말투가 상냥해요.

다른 사람이 말하면 중간에 끊지 않고 끝까지 성의 있게 들어요.

다른 사람의 의견과 감정을 생각해요.

다른 사람이 말할 때 고개를 끄덕이며 공감해 주어요.

감사한 마음을 표현하고, 공손하게 부탁할 줄 알아요.

상냥한 표현으로 다른 사람의 기분을 좋게 해 주어요.

이야깃거리가 바닥나는 법이 없어서 함께 대화를 나누면 재미있어요.

자기 자신을 존중하며, 다른 사람도 똑같이 존중해요.

대담한 사람에게는

친구가 많아요. 함께 있으면 누구나 기분이 좋아지거든요.
대담한 사람은 진실하기 때문에 다른 사람들에게 존중받아요.
자신이 원하는 걸 얻기 위해서 다른 사람과 다투지도 않아요.
신기한 것은 그럼에도 자신이 원하는 걸 대부분 얻는다는 거예요!

대담한 사람은

항상 행복해요.
자신의 행동과 결과에 만족하기 때문에
얼굴에 늘 미소를 띠고 있지요.
자기 자신을 믿고, 다른 사람과 함께 있을 때도
편안하고 확신에 차 있어요.
이런 사회성을 가지고 있다면,
세상 그 무엇과도 바꾸지 않겠지요?

대담한 사람이 가진 사회적 기술

사회적 기술을 학습으로 터득할 수 있다는 건
정말 행운이랍니다!
대담한 사람들이 가진 사회적 기술을 몸으로 습득하면
자연스럽게 행동으로 이어질 거고,
그러면 많은 사람이 곁에 있고 싶어 할 거예요.
상상만 해도 기분이 무척 좋지요?

그런데 말이에요, 내 자신이 어떤 사람이든
나의 방식을 모두가 마음에 들어 할 수 없다는 걸
꼭 알아야 해요.

초콜릿을 생각해 보세요. 정말 맛있지 않나요?
보기만 해도 군침이 돌지요!
하지만 세상 모든 사람이 초콜릿을 좋아하는 건 아니에요.
이와 마찬가지로 우리는 모두에게 다 맞출 수 없답니다.
그걸 인정하는 것도 중요해요.

자신의 생각이나 행동 방식이 늘 옳은 건 아니랍니다.
그 사실을 무례한 사람과 두려워하는 사람에게 알려 주세요.

대담한 사람이 될 거야!

우리는 두 개의 귀와 하나의 입을 가지고 있어요.
아마도 입으로 말하는 것을
귀로 두 배만큼 들으라는 의미가 아닐까요?

청각

대담한 사람들은 청각이 매우 발달해 있어요.
그래서 다른 사람의 말에도 귀를 잘 기울이고,
집중하며 신중하게 들을 줄 알지요.
하지만 우리는 그저 귀를 통해 들려오는 것만 듣고
그마저도 집중하지 않을 때가 있지 않나요?
이제부터는 다른 사람의 말에 집중해 보세요.
많은 것이 들릴 거예요!

다른 사람의 말 들어 주기 기술

1. 대화하는 상대방의 눈을 바라보아요.

2. 상대방의 말을 끊지 말고 끝까지 들어요.

3. 대화할 때 내가 눈을 바라보고,
미소 짓고 있다는 걸 상대방이 알 수 있게 하세요.
고개를 끄덕이며 상대방의 말에 동의하거나
"아, 맞아!" "응, 그거 좋다!"와 같은 감탄사를 이용하며 말이에요.

4. 대화할 때는 자세를 편하게 하고 몸을 너무 크게 움직이지 마세요.

5. 상대방의 말이 끝나면 들은 내용을 짧게 간추려서
상대방의 말을 이해했다는 것을 알려 주세요.
그리고 궁금한 점을 질문하거나
자신의 생각, 또는 의견을 덧붙여 설명해요.

제대로 볼 수 없다면
어떻게 대담한 사람이 될 수 있겠어요!

시각

다른 사람과 대화할 때 넋 놓고 있거나
다른 생각을 할 때가 있지 않나요?
그러면 상대방은 자신과의 대화에 관심이 없다고 느끼거나,
다른 데 정신이 팔려 있다고 생각할 수 있어요.

하지만 대담한 사람은 대화할 때 상대방을 주의 깊게 바라보지요.
대담한 사람이 되고 싶다면, 대화 상대를 바라보는 연습을 해 보세요.
진지하게 대화 상대를 바라보는 태도는
내 자신은 물론이고 상대방의 기분도 좋게 해요.
눈을 바라보면 상대방에게 확신과 신뢰감을 전달할 수 있고,
서로가 연결된 느낌을 주거든요.
그리고 이런 메세지를 전달한답니다.

'나는 당신의 이야기에 관심이 있어요.'

다른 사람 바라보기 기술

1. 자신만의 생각에서 벗어나요.

2. 다른 사람과 대화할 때는 상대방의 눈을 바라보아요.

3. 대화 상대의 눈동자가 무슨 색깔인지 관찰해요.

4. 대화하는 동안에는 다른 일을 하지 않아요.

5. 대화 상대의 눈만 뚫어져라 보지 말아요.
이따금 주변 풍경이나 사물,
혹은 얼굴의 다른 부분으로
시선을 돌리며
상대방이 내 시선에 부담을
느끼지 않도록 해 주세요.

대담한 사람은 말도 잘해요!

대담한 사람은 자신이 원하는 바를
똑부러지게 말할 줄 알아요.
하지만 어떻게 말할지,
어떻게 자신의 의견을 전달할지에 대해
무척 신경 쓴답니다.
대담한 사람의 말이라고 사람들이
다 동의하는 건 아니니까요.
말할 때는 항상 듣는 사람들을 신경 쓰며
기분이 상하지 않도록 배려해야 해요.

대담한 사람이라면 다른 사람과 의견이 다르거나
상대방이 싫어할 법한 말을 할 때도
자신의 생각이나 느낌을 가감 없이 표현해요.
단, 그 속에서도 절대 잊지 않는 한 가지가 있답니다.

바로 '나는 나를 존중하며, 당신 또한 존중합니다'라는 마음이에요.

대담하게 말하기 기술

1. 소리 지르거나 중얼거리지 않고 평소의 목소리로 말해요.
2. 나쁜 말은 쓰지 않아요.
3. 다른 사람을 공격하거나 상처 줄 수 있는 말은 그 어떤 것도 하지 않아요.
4. 부탁하거나 제안하는 방식으로 말해요.
5. 상대방에게 무언가를 강요하거나 요구하지 않고 자신이 원하는 것을 말해요.
6. 불평하거나 타인을 무의미하게 비난하지 않아요.
7. 하루 중 가능한 많은 시간을 좋거나 긍정적인 것에 대해 이야기하면서 보내요.

샌드위치 기술

부모님과 대화를 나누는 상황을 통해 샌드위치 기술에 대해 알아보아요!

부모님이 치킨을 먹자고 하시네요.

➕ 긍정적
"치킨은 정말 맛있어요!"

➖ 부정적
"그렇지만 오늘 먹고 싶은 건 탕수육이에요."

➕ 긍정적
"치킨은 다음에 먹어도 될까요?"

이번에는 부모님이 최근 개봉한 영화를 보러 가자고 하시네요.

➕ 긍정적
"아! 저도 그 영화 너무 보고 싶었어요!"

➖ 부정적
"그런데 오늘은 친구들과 만나기로 먼저 약속을 했어요."

➕ 긍정적
"영화는 내일 보러 가는 게 어떨까요?"

대담한 사람이 갖는 자세와 행동, 그리고 표현

혹시 그거 아세요?
입으로 소리 내 말하지 않아도 신체나 얼굴 표정으로
메시지를 전달할 수 있다는 걸 말이에요!
그런 걸 '신체 언어'라고 해요.

이상하게 들릴지 모르겠지만, 인간은 마치 전구 같아요.
전구는 얼핏 보기만 해도 켜졌는지 꺼졌는지 알 수 있잖아요.
인간도 마찬가지랍니다.
신체 언어만 보더라도
내가 '켜진 전구'처럼 반짝이고 있는지,
'완전히 나가 버린 전구'처럼 꺼져 있는지
다른 사람들은 금세 눈치챈답니다.

'전구가 꺼져 있을 때' 우리는 어떤 메시지를 전달할까요?

짜증이 났어요. 기분이 좋지 않아요. 당신을 상대할 기분이 아니에요.
당신과 소통하고 싶지 않아요. 모든 게 엉망이에요.

'전구가 켜져 있을 때' 우리는 어떤 메시지를 전달할까요?

기분이 좋아요. 내 도움이 필요하면 언제든지 말씀하세요.
당신과 대화하고 싶어요. 모든 게 잘되고 있어요.

만약, 내가 너무 자주 '꺼진 전구'처럼 행동한다면
다른 사람들은 무척 피곤해 할 거예요.
누구든 기분 좋은 사람과 함께 있고 싶은 게
당연하잖아요!
여러분도 주변에 '불 꺼진' 누군가가 있다면
그 사람 곁에 다가가고 싶지 않을 거예요.

내가 친절한 사람이라면, 다른 사람들도 나를 친절하게 대할 거예요.
반대로 내가 퉁명스럽거나 불친절한 사람이라면,
다른 사람들도 나에게 불친절할 거예요.

대답한 사람은 늘 반짝반짝 빛난다는 걸 기억하세요!

*팔을 뻗어 마주보고 있는 상대의 어깨에 손을 얹는다고 상상해 보세요.
그 거리가 바로 '누군가와 대화할 때 유지해야 하는 거리'랍니다!

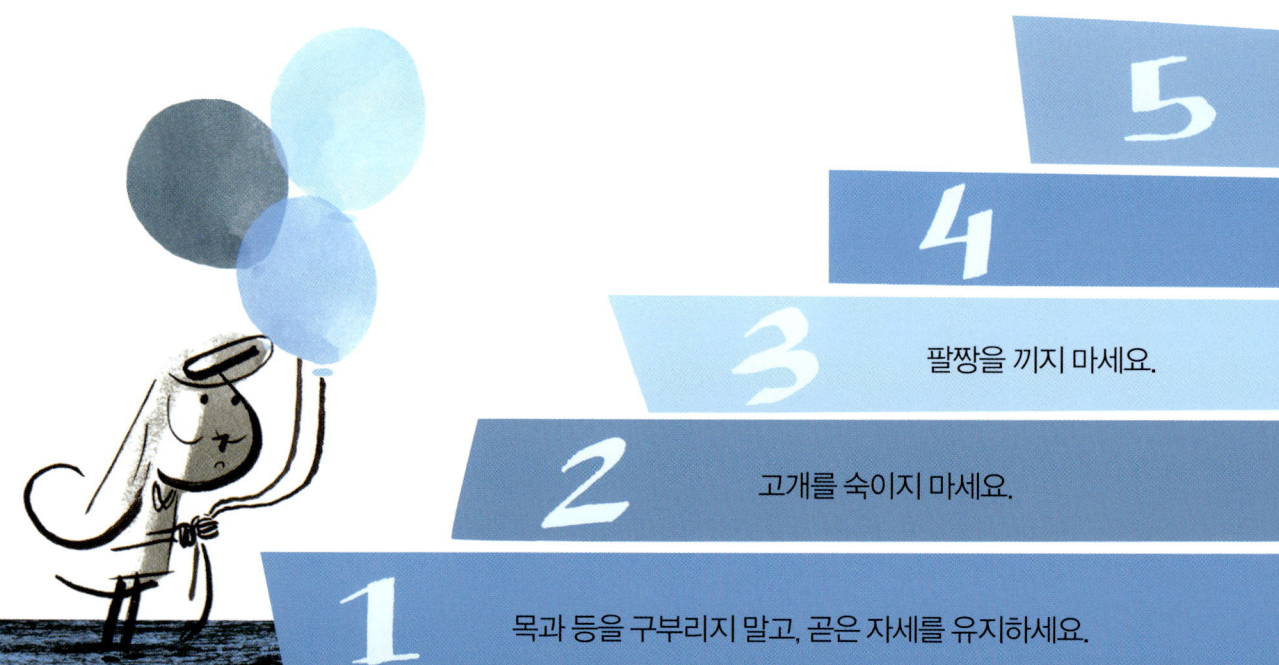

5
4
3　팔짱을 끼지 마세요.
2　고개를 숙이지 마세요.
1　목과 등을 구부리지 말고, 곧은 자세를 유지하세요.

대담하게 반짝이는 기술

7 대화할 때는 상대방이 불편하거나 피곤하지 않게 적당한 거리를 유지하세요.

6 눈살을 찌푸리지 마세요.

늘 미소 짓고 다정한 눈길로 상대방을 바라보세요.

시선을 피하지 마세요.

대담한 사람의 신체 언어 체험하기

여러분이 신체 언어의 중요성을 깨달을 수 있도록
두 가지 재미난 활동을 해 보려고 해요.

첫 번째는 '입으로 연필 물기'예요!

우리는 행복한 기분이 들면 미소를 지어요.
그런데 행복한 기분이 들지 않아도
행복하다고 뇌를 속일 수 있답니다.

어떻게 뇌를 속일 수 있는 건지 잘 이해가 되지 않지요?
자, 그럼 지금부터 다음 활동을 따라해 보세요.

윗니와 아랫니 사이에 연필을 끼워요.
그러면 마치 웃는 얼굴처럼 보일 거예요.
여러분도 알다시피 이건 정말로 웃는 게 아니라
웃는 것처럼 보이도록 억지로 만든 상황이지요.
하지만 쉿, 조용! 우리의 뇌는 모르는 일이거든요!

연필을 문 채로 2분만 견뎌 보세요.
그러면 기분이 아까보다 한결 좋아진 걸 느낄 수 있을 거예요.

잘했어요!

두 번째는 '승리의 자세 취하기'예요!

허리에 두 손을 얹어 보아요.
그럼 팔이 활 모양으로 휠 거예요.
그런 채로 당당히 고개를 들고, 두 다리를 적당히 벌려요.
마치 모델이라도 된 듯 말이에요!

그대로 2분 동안 자세를 유지해 보세요.
조금씩 자신감이 생기고
자신이 믿음직스럽게 느껴질 거예요.

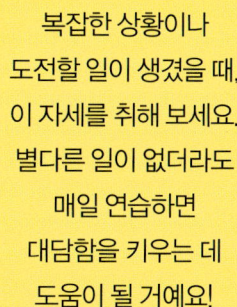

복잡한 상황이나
도전할 일이 생겼을 때,
이 자세를 취해 보세요.
별다른 일이 없더라도
매일 연습하면
대담함을 키우는 데
도움이 될 거예요!

작은 도전!

이제 대담해지는 기술을 알았으니,
잊어버리지 않기 위한 연습을 해야겠지요?
그동안 배운 모든 것을 실행에 옮겨 보는 거예요.

지금부터 **작은 도전**을 몇 개 해 볼 거예요.
준비됐나요?

차, 그럼 시작해 보아요!

하나

듣고 있어요

누군가에게 다음의 글을 읽어 달라고 부탁하세요.

'당신은 버스 기사예요. 오늘도 버스를 운행 중입니다.
텅 비어 있던 버스가 첫 번째 정거장에 도착하자 승객 열 명이 탔어요.
두 번째 정거장에서는 승객 네 명이 내리고 세 명이 탔지요.
그 뒤 승객 여덟 명이 더 타고 다섯 명이 내렸어요.
마지막 정거장에 이르자 승객 여섯 명이 내렸어요.'

질문

버스 기사의 신발 사이즈는 몇일까요?

힌트: 더하기나 빼기를 할 필요가 없어요.

정답: 글의 첫 문장을 직접 읽어 보세요.
이제 눈치챘나요?
맞아요! 바로 여러분의 신발 사이즈를 묻는 질문이었어요!
정답을 한 번에 맞혔나요?

매우 어려운 도전 과제였어요!

우리는 다른 사람의 말을 귀 기울여 듣지 않는 경우가 많아요.
정답에만 매달리는 바람에 들은 것을 잊어버리기도 하지요.

다른 사람의 말에 귀 기울이는 청각을 향상시키는 단계를 연습하면
대담한 사람이 되는 데 도움이 될 거예요!

둘

보고 있어요

누군가를 만나면 그 사람의 눈을 보고
눈동자가 무슨 색인지 관찰해 보세요.

눈동자 색깔이 밝은지 어두운지 말할 필요는 없어요.
그건 중요하지 않아요.
마치 사진이라도 찍는 것처럼
상대방의 눈을 들여다보고 기억해 두세요.

사람들의 눈을 자세히 보면
갈색 눈동자에도 얼마나 다양한 갈색이 있는지,
검은색 눈동자에도 얼마나 다양한 검은색이 있는지 알게 될 거예요.
무척 재미있는 사실이지요!

도전

오늘 하루 동안 다섯 명의 눈동자 색깔을 관찰하세요.

다른 사람의 눈을 바라보는 시각을 향상시키는 단계를 연습하면
대담한 사람이 되는 데 도움이 될 거예요!

셋

말하고 있어요

살면서 때로는 곤란한 상황에 처할 때가 있지요.
그럴 때면 누구나 힘든 상황에서 벗어나기 위해 노력할 거예요.
두려워하는 사람, 무례한 사람, 대담한 사람이
복잡한 상황을 각각 어떻게 해결하는지 지켜볼까요?

첫 번째 상황

식당에서 깨끗하지 않은 컵을 내주었어요.
과연 세 사람은 각각 어떻게 이 상황을 해결할까요?

두려워하는 사람

'이쯤이야 뭐, 좀 지저분한 컵으로 마셔도 상관없지.'

무례한 사람

"이보세요! 컵이 더럽잖아요. 대체 무슨 생각을 하는 거예요?
지금 당장 깨끗한 새 컵으로 바꿔 줘요!"

대담한 사람

"실례합니다. 음식도 훌륭하고 다 좋은데,
지금 보니 컵이 조금 지저분하네요.
다른 걸로 바꿔 주실 수 있을까요?
부탁드릴게요. 감사합니다."

두 번째 상황

마트에서 줄을 서고 있는데 어떤 사람이 새치기를 했어요.
과연 세 사람은 각각 어떻게 이 상황을 해결할까요?

두려워하는 사람
'말하기 창피해. 내가 조금 더 기다리면 돼.
어쩔 수 없지 뭐.'

무례한 사람
"저기요! 누굴 바보로 아는 건가요?
새치기한 거 다 봤거든요!
더 화나게 하고 싶지 않으면 얼른 맨 뒤로 가시죠!"

대담한 사람
"실례합니다. 잘 모르시는 것 같은데,
제가 선생님보다 먼저 와서 줄을 서고 있었어요.
뒤로 가서 차례를 기다려 주시겠어요?"

세 번째 상황

한 친구가 자신의 생일 파티에 친구들을 초대했어요.
그런데 세 사람은 생일 파티에 가는 것이 내키지 않았지요.
다른 할 일이 있었거든요.
과연 세 사람은 각각 어떻게 자신의 입장을 전할까요?

두려워하는 사람
"그래, 알았어. 해야 할 일이 있긴 하지만 다음에 하지, 뭐.
초대해 줘서 고마워."

무례한 사람
"난 안 갈래. 지루할 게 뻔한 네 생일 파티에 가느니
다른 일을 하는 게 나을 거 같아."

대담한 사람
"와, 초대해 줘서 고마워. 정말 재밌을 것 같다.
그런데 어쩌지? 난 오늘 다른 할 일이 있어서 가기 힘들 것 같아.
대신 우리 다음 주에 만나서 같이 노는 건 어때?"

네 번째 상황

선생님이 수업 시간에 복잡한 문제를 설명하시는데
잘 이해가 되지 않아요.
과연 세 사람은 각각 어떻게 이 상황을 받아들일까요?

두려워하는 사람
'이해는 안 되지만 그냥 있을래. 질문하면 선생님이 화내실 것 같아.
그리고 친구들이 그것도 모르냐고 비웃을지 몰라.'

무례한 사람
'설명 진짜 못하네. 설명을 저렇게 하는데,
이걸 어떻게 이해하냐고!
애초에 이 수업을 듣고 있는 내가 바보지.'

대담한 사람
"선생님! 선생님의 설명을 열심히 들었는데,
제가 부족해서 이해하지 못한 부분이 있는 것 같아요.
다시 한 번 설명해 주실 수 있나요? 부탁드립니다."

생각해 보아요!

- 세 사람 중 누가 가장 상황을 잘 해결했다고 생각하나요?

- 무례한 사람이나 두려워하는 사람처럼 행동하면 어떤 결과가 나타날까요?

- 대담한 사람은 자신이 원하는 것을 얻기 위해서 어떻게 행동했나요?

- 자신이라면 같은 상황들에서 어떻게 했을 것 같나요?

- 대담한 사람처럼 행동해 보는 건 어떨까요?

내가 가진 힘과 대담하게 말하는 기술을 다시 한 번 되새겨 보세요.
도움이 될 거예요!

그리고 가장 중요한 걸 잊지 마세요.

자신을 믿으면 모든 게 가능해요!